Yo, Malinche

La Conquista de México

von
Reiner Kornberger
Julio Ardila

Langenscheidt

Berlin · München · Wien · Zürich · New York

Yo, Malinche
La Conquista de México

Von Reiner Kornberger und Julio Ardila

Umschlagfoto: F. Gerbert (Wandgemälde des Malers Diego Ribera im Palacio Nacional von Mexiko)

Quellenverzeichnis: Seite 63

Umwelthinweis: gedruckt auf chlorfrei gebleichtem Papier

www.langenscheidt.de

Druck: Mercedes-Druck, Berlin
Printed in Germany

ISBN 978-3-468-49305-8

10060

Vorwort

Hernán Cortés war der erste Konquistador, der auf eine indianische Hochkultur stieß. Sein Marsch nach Tenochtitlán, dem Zentrum des aztekischen Machtbereichs, war eines der größten Abenteuer der Weltgeschichte. Sicher wäre alles in anderen Bahnen verlaufen, wenn ihm dabei nicht eine junge Indianerin namens Malinche oder Malintzin als Übersetzerin und Beraterin zur Seite gestanden hätte. Diese Stamm-Mutter der mexikanischen Nation wurde von späteren Generationen als Verräterin angesehen.

Die vorliegende Lektüre, die sich auf zeitgenössische Quellen stützt, zeigt Malinche in einem neuen Licht. Aus ihrer Sicht erleben wir das Aufeinanderprallen zweier Welten und nehmen teil an Ereignissen, deren Kenntnis uns die Gegenwart Lateinamerikas besser verstehen hilft.

Die Autoren

Los personajes de la historia

Malinche	una joven indígena del sur de México
Qualitzin	cacique de Painala, padre de Malinche
Beu	esclava y amiga de Malinche
Ah Chatam	cacique maya de Tabasco
Tzitzimil	esclava de Ah Chatam, regalada a los españoles
Hernán Cortés	conquistador español (1485-1547)
Jerónimo de Aguilar	miembro de la expedición de Cortés, habla maya
Bernal Díaz del Castillo	soldado, futuro autor de una crónica de la conquista de México
Pedro de Alvarado	capitán de Cortés, futuro conquistador de Nicaragua
Moctezuma	máxima autoridad de los aztecas
Cuauhtémoc	sucesor de Moctezuma
Tepi	joven tlaxcalteca, paje de Malinche

Los escenarios de la historia

Tenochtitlán	capital azteca (hoy Ciudad de México), situada en una isla en el lago de Texcoco
Painala	pueblo en el sur de México
Coatzacoalcos	río en el sur de México
Tabasco	ciudad maya en la costa del Caribe
Veracruz	ciudad fundada por Cortés
Cempoala	capital de los toltecas
Tlaxcala	capital de los tlaxcaltecas
Cholula	ciudad azteca, situada al sur de Tenochtitlán
Texcoco	ciudad en el lago de Texcoco
Tlacopán	ciudad en el lago de Texcoco

Indice

La civilización maya

Pirámide y templo de Kukulcán, el llamado "Castillo", en Chichén Itzá (península de Yucatán)

Chichén Itzá: Dios de la guerra

Otras civilizaciones precolombinas

Teotihuacán: la Pirámide del Sol

Teotihuacán: el dios Quetzalcóatl

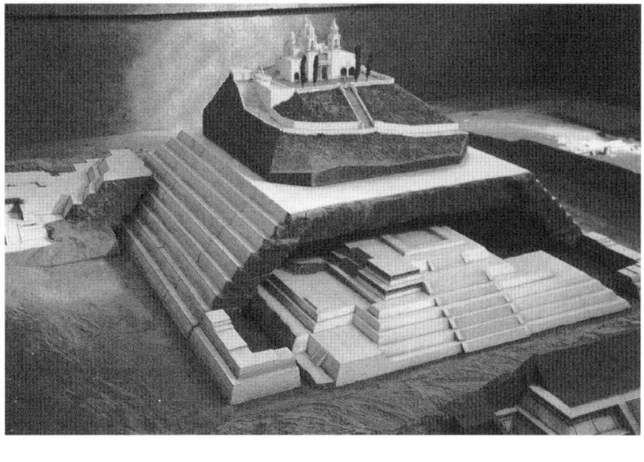

La Pirámide de Cholula en las diferentes fases de su construcción

Prólogo

Gritos. Gritos en la calle, gritos del pueblo que corre hacia la plaza para no perderse el espectáculo. Ya han preparado todo para quemar personas vivas. Pero yo no voy a salir. No quiero ver la muerte de los hijos de mi pueblo, este pobre pueblo que ha sufrido tanto desde la llegada de los españoles. Con el fuego borran el recuerdo de la vieja religión. Rodeados por soldados y detrás de los sacerdotes van los que llaman herejes. En la plaza se les ata a un tronco de madera. Mientras los sacerdotes dicen sus oraciones, el verdugo prende la hoguera. Cuando los gritos de dolor han terminado, el pueblo, los soldados y los sacerdotes se retiran. En el aire queda el olor a carne chamuscada.

Triste recorro la casa grande en la que vivo desde hace cinco años. Pienso que es una locura rebelarse contra los españoles que son tan poderosos. Su emperador Carlos reina sobre muchos países. Ya la primera vez que vi a los blancos sentí que iban a triunfar y que nuestras tradiciones, nuestra religión iban a desaparecer. ¿Quién quiere volver a una época donde cada día nuestros sacerdotes sacaban el corazón a los guerreros enemigos para ofrecérselo a Huitzilopochtli o a Tezcatlipoca para dar nuevas fuerzas a los dioses? Pero cuando pienso que los españoles también matan personas, en nombre de la Cruz, me da miedo su crueldad. ¿Existe una diferencia entre lo uno y lo otro?

Ya casi no salgo de la casa, y nadie viene a visitarme. La gente de mi raza me acusa de traidora. «¡La Chingada!», me gritan por las calles. Y: «Malinche, tú hablas muchos idiomas, pero en ninguno dices la verdad». Olvidan que yo no fui la única persona de estas tierras que colaboraba con los blancos. Fueron miles y miles los que marcharon con ellos contra el gran Moctezuma para liberarse de la dominación azteca. Y todos los que me gritan no saben a cuántos ayudé, yo que estaba tan cerca del capitán Hernán Cortés. Son realmente unos desagradecidos.

¿Y qué podía hacer una pobre india como yo en las acciones de guerrra? Yo era una esclava y nada más, aunque no había nacido esclava. Aquí siempre me pongo a meditar sobre lo extraño de mi vida. ¡Haber nacido hija de un cacique respetado para luego ser vendida como esclava a otro cacique quien, algún día, decidió regalarme a aquellos extranjeros venidos por el mar...!

Preguntas sobre el texto

¿Quién habla en este texto?
¿Qué llegamos a saber sobre la persona (su vida, su situación actual etc.)?

Diga por qué…

1. Los que corren por la calle gritan porque…
2. Los españoles queman herejes porque…
3. El pueblo, los sacerdotes y los soldados van a casa porque…
4. Malinche está triste y al mismo tiempo tiene miedo porque…
5. Malinche colaboró con los españoles porque…
6. Malinche ya no sale mucho porque…

Complete el texto con la forma correcta de los verbos *ser* o *estar*. Utilice el imperfecto o el indefinido.

1. Tenochtitlán era la antigua capital de los aztecas.
2. La ciudad estaba situada en un lago.
3. El primer europeo que entró en aquella ciudad era Hernán Cortés.
4. Malinche estaba siempre a su lado. Esta mujer de unos 18 ó 19 años era su "lengua", es decir: su intérprete.
5. Ella era del sur de México.
6. Los aztecas, o mexicas, eran una tribu indígena que había conquistado una gran parte de México.
7. Eran numerosas las tribus que estaban obligadas a pagar tributos a los aztecas.
8. Los dioses de los aztecas eran crueles, ya que los sacrificios humanos eran al orden del día.
9. La civilización azteca fué destruida por los españoles.
10. Las antiguas religiones indígenas fueron sustituidas por la religión católica.

1 Las verdes colinas de mi Painala

¡Qué bien me hace esta taza de chocolate que acaba de traerme Paulina! A esta hora cuando se pone el sol siempre me vienen los recuerdos, recuerdos de la gran marcha hacia Tenochtitlán, claro está, pero no sé por qué en los últimos tiempos son cada vez más claros los recuerdos de mi niñez, de mi querida Painala, ese pueblo en el sur, cerca del río Coatzacoalcos. Allí nací entre colinas verdes. Me gustaba acompañar a mi padre por los bosques y escuchar sus comentarios sobre las distintas plantas y flores.

Estos paseos los hacíamos con Beu, una niña de mi edad, hija de una esclava que tenían mis padres. Era mi mejor amiga. Juntas nos bañábamos en las aguas cristalinas del Coatzacoalcos, pescábamos con redes de algodón que nosotras mismas fabricábamos. En el bosque cerca teníamos trampas para cazar, y cuando regresábamos a casa siempre llevábamos pescado y uno que otro conejo. Desde el punto más alto de una colina mirábamos el río y las montañas, y en nuestra imaginación las nubes tomaban las formas de pumas, de iguanas, de horribles monstruos.

Qualitzin, mi padre, fue un cacique muy importante en la región aunque tenía que pagar tributo a los mexicas. Cuando él era joven, ellos invadieron la región con miles de guerreros. Desde entonces los recaudadores de tributos venían dos veces al año y les entregábamos plumas de papagayos, cacao, piedras preciosas y perlas. Con postura arrogante controlaban si no faltaba nada en la lista. Les preparábamos una cena con platos exquisitos, y al día siguiente regresaban con sus tamanes al lugar donde residía el más poderoso de los caciques: Moctezuma.

Qualitzin era famoso por sus conocimientos de las plantas medicinales. Venían a consultarlo desde pueblos lejanos. Él me explicaba cómo preparar medicinas con las yerbas. No he olvidado sus lecciones. Aún hoy preparo algunas medicinas para bajar las fiebres, curar dolores de estómago e inflamaciones por picaduras de insectos.

Una vez mi padre iba solo por el bosque y lo atacó una serpiente gigantesca. Pronto lo tenía enroscado y estaba a punto de estrangularlo. Qualitzin hincó sus dientes en el cuello de la serpiente, y con sus dientes alcanzó la espina dorsal del reptil y la dislocó. El animal cayó muerto a sus pies.

El día que trajeron herido de muerte a mi padre, conocí la tristeza. Qualitzin se había rebelado junto con otros caciques de la región contra los pagos excesivos de tributos. En un combate contra los mexicas, una flecha alcanzó a mi padre en el pecho. Murió en nuestra casa. A partir de este día yo estaba destinada a ser la próxima cacica. Tenía apenas once años.

Seis meses después de los funerales que se realizaron con mucha pompa, mi madre se casó con un pariente lejano. A los nueve meses tuvo un hijo que fue la alegría de todos. Mi hermanito era muy mimado, y sentí que mi madre empezó a rechazarme. Ya no había caricias para mí.

Un día, nuestra esclava Beu enfermó. La fiebre la hacía delirar. Entonces corrí al bosque a buscar algunas yerbas. Cuando regresaba al pueblo y estaba cerca de las primeras casas, unos brazos muy fuertes me apretaron y fui amarrada con una soga. Quise gritar, pero me cubrieron con una manta, me hicieron oler un líquido penetrante y quedé dormida.

Al despertar estaba en un cuarto oscuro, todavía atada. Fuera, la noche caía sobre las casas de Painala. De pronto escuché de lejos la voz de mi madre que se lamentaba: «¡Ay, mi Malintzin, hija querida! ¿Por qué te fuiste tan pronto cuando parecías una flor en verano? ¡Ay, ay!» Entonces entendí lo que estaba pasando: Beu había muerto cuando yo estaba en el bosque. ¡Y allí afuera, en lugar de mi cuerpo, estaba el de ella! Asistí con infinito dolor y una rabia tremenda al ceremonial de mi muerte escuchando los lamentos de esa vieja mentirosa que era mi madre. Así pasé la noche, tal vez la más terrible de mi vida.

Luego sentí que se acercaba alguien y me iluminó la luz de una antorcha. Reconocí la cara de un pochteca[1] que hacía la ruta entre Tenochtitlán y las ciudades mayas de Tabasco. Este hombre se me acercó con una calabaza en la mano, seguro para darme de beber. Pero yo, en vez de beber, mordí su mano. Me echó una mirada furiosa y me cubrió otra vez con un saco. Horrorizada noté que me subió la camisa y sentí sus manos en mis pechos, mi vientre, mi cuello. Ya era una mujercita y empezaba a gustar a los hombres. Me retorcí en el suelo lo mejor que pude. El pochteca se rió y dijo: «No te pasa nada, niña preciosa. Todo esto será para un hombre poderoso que seguramente me pagará un buen precio por ti. Pronto te voy a entregar a él.»

Y así fue. Fui vendida como esclava al cacique Ah Chatam de Tabasco. Y aunque se me trató bastante bien, sentía muy fuerte aquella terrible humillación. En las noches cuando había bailado desnuda ante aquel gordo que ahora era mi amo, soñaba que lo mataba con un cuchillo vengando en su persona el crimen de mi madre.

1 pochteca: ver pág. 12

Comerciante azteca (pochteca) con dos tamanes

Preguntas sobre el texto

1. Resuma las informaciones que recibimos sobre el pueblo natal de Malinche (la naturaleza, la situación política etc.).
2. ¿Qué llegamos a saber sobre las personas que eran importantes en su vida?
3. ¿Qué sucesos trágicos o dramáticos terminaron con la felicidad de su niñez?

Diálogo

En la casa del cacique de Tabasco, Malinche acaba de conocer a las otras concubinas de Ah Chatam, y ahora está conversando con ellas. Las otras chicas quieren saber quién es ella y cómo ha llegado hasta aquí. Malinche hace preguntas sobre su amo y quiere saber cómo es la vida en esta casa. Pregunta también si es posible escaparse. Invente otros aspectos de la conversación.

Complete el texto con la forma correcta de los verbos siguientes. Utilice el imperfecto o el indefinido.

acompañar	buscar	caerse	controlar	curar
	estar		haber	
llevar	nacer	romperse	ser	vivir

Malinche _nació_ en Painala. Su padre _era_ el cacique del pueblo. Painala _estaba_ cerca del río Coatzacoalcos. Allí _había_ grandes bosques en los que _vivían_ numerosos animales. Muchas veces, la muchacha _acompañaba_ al padre que _buscaba_ plantas medicinales. Una vez cuando los dos _controlaron_ unas trampas para papagayos, Malinche _se cayó_ de un árbol y _se rompió_ un brazo. El padre la _llevó_ al pueblo y allí, con unos palos, una tela de algodón y una masa hecha de tierra húmeda y de algunas hierbas la _curó_ .

Lo mismo

~~comprar~~	~~comunicar~~	~~decidir~~	~~hacerse~~	~~llamarse~~	~~morir~~
~~pasar~~		~~pensar~~		~~ponerse~~	
~~prometer~~	~~ser~~	~~tener~~	~~tener~~	~~tener~~	

Cuando Malinche tenía seis años, la madre ~~ten~~ tuvó un hijo, pero el niño morió a las pocas semanas de nacer y Malinche era muy triste. ¡Cómo le hubiera gustado tener un hermanito! En esa época el padre decidió comprar una esclava para los trabajos domésticos. Y cuando los pochtecas pasaron otra vez por el pueblo, el padre les comunicó su deseo y ellos prometieron que pronto iban a volver con varios esclavos que ~~compraban~~ pensían comprar en los territorios mayas. Y así se hacían. La esclava que el padre compró, tenía una hija de seis años que se llamaba Beu. Esta chica se pusó la mejor amiga de Malinche.

Casas flotantes y caras de ceniza

2

Allá en Tabasco crecí hasta ser una mujer. Me convertí en la concubina favorita de Ah Chatam, tan hermosa era. Podía ir y venir libremente por la ciudad. No me costó nada hablar la lengua maya, porque ya de niña había aprendido las primeras palabras con Beu.

Tabasco estaba en la ribera de un gran río, no muy lejos de la costa. Era un centro comercial muy importante. Los caciques de la región no eran vasallos de nadie. De vez en cuando se reunían para discutir asuntos comunes.

Una tarde llegó una noticia increíble. En la costa habían aparecido tres casas flotantes, con hombres blancos que tenían la cara llena de pelos. Iban vestidos de metal y de sus manos salía un fuego mortal. Montados sobre unos

Conquistador español, según un dibujo indígena de la época

animales grandísimos sembraban el pánico entre la población. Los nuestros, no sabiendo si eran seres humanos o dioses, les hicieron muchos regalos. Luego los forasteros subieron el río en lanchas, pero al poco tiempo regresaron a sus casas flotantes y desaparecieron.

Al año volvieron, mucho más numerosos y en once casas flotantes. Los caciques pensaron que los del año pasado habían sido espías, y que ahora volvían para ocupar sus territorios. Se prepararon para la guerra. Los hijos de Ah Chatam tomaron sus mejores armas y salieron con los otros guerreros al encuentro de los invasores. Pasaron tres días y volvieron. ¡Pero cómo volvieron! Sangrando por mil heridas. Contaron que habían luchado durante más de dos horas contra los enemigos, cuando de pronto aparecieron aquellos jinetes con sus terribles bestias. A un hijo de Ah Chatam lo atravesaron con una lanza. A otro le cortaron un brazo con un cuchillo enorme. Perdió tanta sangre que murió allí mismo, como muchísimos otros más. Los caciques decidieron hacer las paces con los forasteros. Para demostrar que los aceptaban como sus futuros señores les enviaron regalos. Y uno de los regalos… era yo.

Junto con una delegación, encabezada por Ah Chatam, yo y 19 chicas más fuimos al campamento de los blancos. Por entre las filas de los forasteros, algunos de ellos vestidos de metal, nos acercamos a la tienda más grande. ¡Y allí lo vi a él! Era de mediana estatura, barbudo, tenía pelo largo, pero su cara no era blanca, sino del color de la ceniza. Estaba frente a Hernán Cortés.

Ah Chatam pidió perdón por lo sucedido y presentó sus regalos: cestas con alimentos, joyas y plumas. Y finalmente, con un gesto de la mano, nos señaló a nosotras. Un murmullo recorrió las filas de los forasteros.

Todo lo hablado por Ah Chatám y Cortés fue traducido por un hombre flaco que hablaba muy bien la lengua maya. En su pecho colgaba una cruz, y esta cruz parecía tener mucha importancia para ellos. Porque después de explicar que ahora todos éramos vasallos de su rey Carlos, apareció un hombre sin pelo en la cabeza, pero con barba, y vestido de mujer. Colocó una enorme cruz de madera en medio de la plaza. De pronto todos los blancos se arrodillaron. El flaco dijo que la cruz representaba a nuestro Señor, y que la madre de él era la Virgen María, y que teníamos que olvidarnos de los demonios que adorábamos en nuestros templos. Dijo muchas cosas más, pero no entendíamos muy bien lo que quería decir. Los caciques estaban de acuerdo con todo eso. Lentamente se retiraron abandonándonos a un destino incierto en compañía de aquellos hombres extrañísimos.

Retrato de Hernán Cortés

Preguntas sobre el texto

1. ¿Cómo fue tratada Malinche en Tabasco?
2. ¿Qué lengua se hablaba allí? ¿Malinche la hablaba ya?
3. ¿Qué noticia increíble se contó un día en el mercado?
4. ¿Cómo fue que Malinche entró en contacto con los forasteros?

Restablezca el orden:

Las siguientes expresiones están en desorden. Trate de unir cada verbo con su complemento correspondiente. Forme frases con cada una de las expresiones resultantes.

hacer	una lengua
convertirse	sobre un problema
discutir	mucha sangre
regresar	contra los enemigos
montar	a su tierra
perder	en una concubina
luchar	a caballo
saludar	un regalo
aprender	a los forasteros

3 Rumbo al norte

Al día siguiente, los forasteros celebraron una fiesta en honor de su Dios. Atravesaron el campamento en procesión, y cada uno llevaba un ramo de palmera en sus manos. Para mi sorpresa, todo fue muy tranquilo y no corrió sangre, lo que me gustó mucho. Más tarde me explicaron que la fiesta se llamaba "Domingo de Ramos".

Otra noche en la playa, y cuando apenas salía el sol, subimos a los barcos que lentamente se alejaron de aquella costa donde había vivido tantos años como esclava. Todo era nuevo – los gritos de los hombres, el chasquido de las velas –, pero el futuro, en vez de inspirarme angustia, despertó mi curiosidad.

Hablé con el flaco que había traducido en el encuentro con los caciques de Tabasco. Se llamaba Jerónimo de Aguilar. Le pregunté:

Yo:
Dime, ¿cómo es que tú hablas nuestra lengua?

Aguilar:
Mira, yo viajé en una carabela que salió de Panamá a Santo Domingo. Una terrible tempestad acabó con el barco, y sólo diez salvamos nuestras vidas nadando hasta una isla que se llama Cozumel. Los demás compañeros murieron en el mar. Al llegar fuimos hechos prisioneros por la gente de la isla. Al poco tiempo, mataron a cuatro de nosotros, y con horror vimos cómo prepararon sus cuerpos para comerlos en un bárbaro ritual. Entre los que perdieron sus vidas así iba Valdivia, nuestro capitán.

Yo:
¿Y qué pasó con los otros?

Aguilar:
Esa misma noche logramos escapar. En la playa encontramos una canoa y fuimos a tierra firme. Nos metimos a la selva. Tras cinco días de marcha, unos indios, enemigos de los de Cozumel, nos llevaron ante su cacique que nos recibió como esclavos. De los seis, cuatro murieron. El otro castellano sigue viviendo en la región, en otra tribu.

Yo:
Pero si el capitán Cortés te ha rescatado a ti, ¿por qué no ha venido él también?

Bernal = simple soldate = galán

Aguilar:
¡Ay, Malinche! ¡La vida es una caja de sorpresas! Este compañero no sólo se llama Gonzalo Guerrero, sino que se ha convertido en un auténtico guerrero respetado por la tribu. No lo vas a creer, pero se casó con la hija del cacique y tiene tres hijos. Cuando llegó el capitán Cortés, él me dijo: «Mira, Jerónimo, yo tengo la cara tatuada, yo ya soy de acá. No puedo dejar a mis hijos y a mi mujer. Déjame aquí con los míos, pues éste es mi lugar.» En vano le recordé su patria, su fe católica.

Estábamos hablando así cuando escuchamos un grito de mujer que venía del lugar donde estaban mis compañeras. Todos corrimos a ver qué pasaba. La mujer que había gritado era Tzitzimil, una amiga de Tabasco. Parecía presa de pánico. A su lado, un soldado se reía con cara de idiota. El capitán Cortés se acercó para saber qué estaba ocurriendo. Aguilar tradujo. La mujer dijo que ese hombre se le había acercado y la había acariciado. Luego se quedó mirándola a los ojos, le mordió los labios, y, lo que era peor, ¡se le quería comer la lengua! Supe que esa era la manera de besarse de los blancos. Entre nosotros, el beso en la boca no existía.

Ante ese suceso, Cortés prohibió que las mujeres fuéramos tocadas hasta que no fuéramos instruídas en la Fe Cristiana. Que después de eso sí seríamos repartidas. Pensé que se iba a repetir la historia de la concubina de Tabasco, y me puse triste.

Con Aguilar aprendí las primeras palabras de castellano y supe quiénes eran los hombres que viajaban con nosotros.

Aguilar:
Son 580 hombres en once barcos. Hay 16 caballos, 10 cañones, 13 arcabuces y 32 ballestas. En cada uno de los barcos hay un capitán. Nos acompañan los religiosos Bartolomé de Olmedo y Juan Díaz. Hay un notario, Diego de Godoy, ese de anteojos que está allá. Nadie lo quiere. Para nosotros es un espía del gobernador Velásquez que reside en la Isla Fernandina. También están el astrólogo Botello, Mesa, el jefe de artilleros, Murcia que es barbero y sabe curar las heridas – y para alegrar los buenos momentos, está el músico Ortiz. Pero casi se me está olvidando el piloto de esta nave capitana, Alaminos. Él estuvo en las dos expediciones anteriores, o sea en las de Hernández de Córdoba y de Juan de Grijalva. También había sido piloto en el cuarto viaje del Almirante.

Yo:
¿El Almirante? ¿Y quién es el Almirante?

Aguilar:
El primer hombre que llegó a estas tierras: Cristóbal Colón. ...¡Eh, tú, galán! Ven acá. ¿Por qué no nos acompañas en la charla con esta bonita princesa?

Díaz del Castillo:
Pero claro. Por fin tengo la suerte de hablar con una auténtica princesa. Con vuestro permiso me siento en este rollo de sogas.

Aguilar:
Malinche, tienes que saber que a este joven le decimos El Galán, pero se llama Bernal Díaz del Castillo. Al igual que Alaminos conoce ya estas tierras. Ha estado en las dos expediciones anteriores.

A partir de ese momento, Bernal siempre estuvo con nosotros y puso atención a todo lo que le traducía Aguilar. Así, el tercer día de navegar, vimos una isla en donde se levantaba una pirámide blanca. Bernal nos dijo que ese sitio lo habían llamado Isla de los Sacrificios. Entonces nos habló de las expediciones anteriores.

Díaz del Castillo:
En esa pirámide se hacen sacrificios humanos. El año pasado, con Grijalva, desembarcamos en esta isla y encontramos los cadáveres de cinco jóvenes a quienes se les había arrancado el corazón. La sangre estaba todavía fresca. Tres sacerdotes, cuyas túnicas eran una sola masa de sangre, nos miraban. No pudimos hablar con ellos porque ignorábamos su lengua... Pero Malinche, lo que te debe interesar es que pocos días antes conocimos a Ah Chatam. Entonces nos recibió muy bien. Con él, Grijalva cambió joyas de fantasía y collares de vidrio por mucho oro. ¿Pero ves cómo nos trató esta vez? A flechazos y hachazos.

Yo:
Sé por qué lo hizo. Los otros caciques le hicieron cambiar su actitud. Ellos dijeron que los blancos no eran dioses y que lo único que querían era llevarse todo el oro y matarnos a todos. Pero tú me hablas de una primera expedición a nuestras tierras. ¿Les fue tan bien como el año pasado?

Díaz del Castillo:
No, ¡qué va! Si yo y algunos otros estamos vivos de milagro. Mira esta cicatriz en el hombro. Un flechazo. Pero tuve más suerte que nuestro capitán Hernández de Córdoba. ¡Diez flechazos! Alcanzó a llegar a la Isla Fernadina, y allá murió. De 110 hombres que salimos, regresamos 53. A pesar de todo, el gobernador Velásquez insistió en explorar estas costas. Mandó a Grijalva, y cuando éste llegó con todo el oro, mandó a Cortés. Y aquí estamos. ¡Ojalá tengamos más suerte! Tengo 24 años y aún no me gustaría morir... Pero Malinche, cuéntanos por qué razón los habitantes de aquellas tierras tienen esa horrible costumbre de sacrificar seres humanos.

Yo:
Bueno, nosotros creemos que si no corre sangre no sale el sol. ¿Y cómo puede haber vida sin sol? Ese sol que tantas fuerzas tiene cuando el día comienza, y

que al ponerse es tan débil. Y siempre tememos que no salga nunca más si a Huitzilopochtli no se le alimenta con la sangre. Y lo mismo ocurre con la lluvia y con los otros elementos, que todos son dioses, y que nos dan la vida. Y nunca se sabe si los dioses están contentos.

En este momento, Aguilar, que ya me había hablado bastante de los secretos de su religión, me preguntó: «¿Y tú, Malinche, sigues creyendo en estas cosas?»

Me quedé muy pensativa. Pero mis reflexiones fueron interrumpidas por el grito de Bernal: «Estamos llegando, amigos. ¡Allá se ve San Juan de Ulúa!»

Preguntas sobre el texto

1. ¿Por qué a Malinche le empieza a gustar la religión de los españoles?
2. ¿La nueva situación le da mucho miedo?
3. Resuma en pocas frases la historia de Jerónimo de Aguilar.
4. ¿Qué planes tiene el capitán Cortés con las veinte muchachas indígenas? ¿Cuál es la reacción de Malinche cuando se entera de ello?
5. Sistematice lo que dice Bernal Díaz del Castillo acerca de las expediciones anteriores y su éxito.
6. ¿Cómo explica Malinche los ritos crueles de los indígenas?

Forme frases con las palabras siguientes:

1. Malinche – gustar – extranjeros – ramo – campamento
2. sorprender – no correr sangre
3. Malinche – preguntar – Aguilar – hablar maya – él, explicar
4. Tzitzimil – gritar – no querer – soldado – comer – lengua
5. Alaminos – creer, hombre importante – Colón
6. Bernal – contento – hablar con una princesa
7. Bernal Díaz – no comprender – Ah Chatam – primero: regalos – luego: guerra
8. Velásquez – ver el oro – en seguida – otra expedición

4 Los mensajes del tlatoani

Todavía recuerdo muy bien lo que ocurrió en aquel sitio donde hoy se levanta Veracruz. Allí iba a cambiar mi vida y también la de mi pueblo. Existen ya varias crónicas sobre lo que pasó entonces, pero no siempre dicen la verdad. Bernal que siempre me visita en sus viajes a la capital está profundamente indignado y quiere escribir su versión de los sucesos. Hace poco me visitó para preguntarme detalles que él había olvidado. Cuando nos despedimos, nos pusimos tristes. A Bernal lo apreciaba mucho como persona leal. Incluso creo que él estuvo enamorado de mí. Pero El Galán era un soldado raso, y yo estaba destinada a una persona de rango. Cosas de la vida.

«¡Allá se ve San Juan de Ulúa!» Eso fue lo que dijo Bernal señalando una pequeña isla. Hasta aquí habían llegado las expediciones anteriores. Más allá de aquellas playas comenzaba lo desconocido.

Las naves quedaron ancladas entre la costa y la isla. Se hizo un gran silencio. Estuvimos una hora así cuando vimos dos piraguas que se acercaban lentamente. Los hombres que venían en las piraguas preguntaron quién era el tla-

Una delegación azteca visita con regalos a Cortés. Malinche está a su lado.

toani lo que en náhuatl quiere decir "el que habla". Volvieron a preguntar. Entonces, viendo que nadie entendía su lengua, les contesté yo. Todos los españoles me miraron con caras de asombro. Aguilar me preguntó de dónde venían ellos. «Son mexicas», le contesté, ahora en la lengua maya, y él se lo tradujo a Cortés. La delegación subió a bordo. Explicaron que su señor los había enviado para saber quiénes éramos y por qué habíamos venido. Cortés mandó traer vino que ellos tomaron con gusto y en abundancia. Muy contentos, con unos "diamantes de vidrio", regresaron a sus piraguas anunciando la visita del gobernador de esa provincia. En toda la conversación, Aguilar y yo habíamos servido de traductores. Cortés se quedó mirándome, y comprendí que yo estaba destinada a ser una persona importante en esa aventura.

Al día siguiente, Viernes Santo, los soldados empezaron a levantar su campamento en la playa. El domingo de Pascua, las veinte mujeres que habíamos sido regaladas en Tabasco fuimos bautizadas y repartidas entre los oficiales. Yo fui entregada a Hernández de Portocarrero, persona de confianza de Cortés. Y me dieron un nuevo nombre: doña Marina. Ya no sabía quién era yo: ¿Malintzin, la hija del cacique de Painala, o Malinche, como me decían los soldados que no podían pronunciar mi nombre, o doña Marina como respetuosamente me llamaba Cortés? ¿Era una persona principal, o seguía siendo una esclava?

Para Cortés, yo era desde el primer momento algo más que su "lengua", me convertí en su consejera que tenía que contestar mil preguntas acerca del emperador de los mexicas. Le hablé del inmenso poder de Moctezuma. Le dije lo poco que sabía del esplendor de su capital, Tenochtitlán, y de las otras ciudades en las orillas del lago de Texcoco. Yo no sé si entonces ya se formó una idea clara de cómo seguir en su aventura, pero lo que es cierto es que mis informaciones le ayudaron a no cometer tantas faltas en el contacto con los mexicas.

Recuerdo que ese domingo de Pascua las chicas nos preparábamos para ir a la misa que terminaría con nuestro bautizo, cuando Aguilar me llamó. Vestida de blanco y con una corona de flores, me dirigí a la tienda del capitán donde había una delegación mexica encabezada por Tentlitl (o Tendile, como los españoles dijeron). Traduje los saludos y las demostraciones de respeto que se hacían Cortés y Tendile. Luego nos dirigimos a la plaza donde el padre Olmedo dijo la misa que fue observada atentamente por los mexicas. Les impresionó sobre todo el coro final cantado por más de 600 hombres. Luego Olmedo hizo la cruz en nuestras frentes, y ya pertenecíamos a la nueva religión.

Me hubiera gustado estar sola un par de horas, pero tuve que sentarme en la mesa entre Cortés y Tendile. El capitán general dijo que el emperador Carlos lo había enviado para saludar al tlatoani Moctezuma, que además pensaba comerciar con los habitantes de estas tierras, y que le interesaba ante todo el oro, ya que los blancos tenían una enfermedad que sólo podía curarse con este metal. El tono de la conversación era amable, pero cuando Cortés me mandó preguntar cuándo podría visitar a Moctezuma, Tendile contestó de la manera más arrogante: «¡Apenas llegaste, y ya quieres ver al tlatoani!» lo que yo traduje moderando un poco el tono para no irritar a Cortés.

Durante la comida, Cortés observó a dos indios que hacían dibujos en unas hojas. Le explicaron que tenían que informar al tlatoani sobre la expedición española. Tendile nos mostró unas hojas y, de veras, allí estábamos Cortés y yo. Y también se veía un barco. En voz baja, Cortés dijo algo a Alvarado, y de pronto aparecieron trece hombres montados en caballos que relinchaban, se levantaban sobre sus patas traseras y empezaron a recorrer la playa a todo galope. Los indios, espantados, se escondieron detrás de una tienda. Yo sentí unos brazos alrededor de mi cuello. Era Tzitzimil que temblaba de miedo. Los mexicas se habían formado otra vez alrededor de Tendile cuando se oyó un estrépito terrible, y de los cañones colocados cerca de la tienda de Cortés salió humo. Los mexicas se cubrieron las caras, Tzitzimil se desmayó. Sólo los dibujantes seguían trabajando. Repuestos del enorme susto, los mexicas tenían prisa por regresar. Pero antes de marcharse, Tendile vio el casco de un soldado y se lo pidió a Cortés «para mostrárselo a mi señor Moctezuma, porque es igual al casco que lleva una estatua de nuestro dios Quetzalcóatl». Cortés se lo entregó y pidió que se lo devolviera pronto, pero lleno de oro porque quería comparar la calidad del oro mexica con el español.

Esa noche expliqué a Cortés y a un grupo de oficiales que Quetzalcóatl había traído la cultura, la agricultura y la astrología al pueblo mexica, pero que luego fue desterrado por otros dioses. Quetzalcóatl, que tenía el pelo rubio y la cara blanca, partió en una nave hacia donde nace el sol y prometió regresar algún día. Alvarado dijo riéndose: «Ahora entiendo por qué los indios se interesan por tu persona, capitán. Creen que tú podrías ser ese dios. Por eso, oh venerable dios de los salvajes, te ofrezco mi corazón», y se arrodilló besándole las botas a Cortés. Todos se rieron, yo no. Les expliqué que este dios odiaba los sacrificios humanos, y mirando fijamente a Alvarado, añadí: «Y además, no somos salvajes».

Pasados algunos días, Tendile regresó con muchos regalos, entre ellos un enorme círculo de oro que representaba el sol, otras cosas maravillosas, y... el casco del soldado, lleno de pepas de oro. Antes de regresar, Tendile dijo que no era necesario que Cortés visitara a Moctezuma, que por favor detuviera su marcha. Cortés, sin embargo, insistió en su deseo de conocer a tan importante señor; claro, después del oro que había recibido.

Calendario azteca

Con nosotros se quedó un noble, Cuitlalpitoc que los españoles llamaban Pitalpitoque; debía traer nuestra comida desde los pueblos vecinos. Pero una mañana, él y los suyos no vinieron más. Ahora, las cosas se complicaron en el campamento. El hambre y las enfermedades se cobraron las vidas de unos 35 hombres. Y una tarde oí muchos gritos. El flaco me dijo que algunos soldados querían regresarse a la Fernandina. Dijeron que Cortés no debía fundar ciudades ya que la expedición tenía solamente la misión de explorar las costas y buscar oro. Cortés habló con algunos capitanes y les explicó sus planes. Luego fue fundada oficialmente la ciudad Villa Rica de Vera Cruz, y se nombraron alcaldes a Montejo y a Portocarrero, ese Portocarrero que creía ser mi hombre y que hasta ahora no me había tocado. Parecía tener poco interés en las mujeres ya que se le veía a menudo con otros soldados jóvenes. Él era de sangre noble y Cortés lo apreciaba mucho. Los que se habían opuesto a los planes del capitán general fueron tomados presos, y Cortés mandó ahorcar a dos de ellos.

La falta de comida obligó a los hombres a explorar los alrededores. Un día encontraron a varios indios que hablaban un idioma que ni yo ni Aguilar entendíamos. Eran totonacas. Nos invitaron a venir a su ciudad, a Cempoala. Fuimos a la casa del cacique que era tan gordo que ocho hombres lo portaban en una silla con enorme esfuerzo. Pensé que, comparado con esta montaña de carne y grasa, Ah Chatam podía pasar por flaco.

El cacique explicó a Cortés que tenían mucho miedo de los mexicas que se llevaban casi todas las riquezas de la región. El pobre hombre temblaba cada vez que hablaba de Moctezuma. Cortés le prometió ayuda al gordo, y creo que en este momento comprendió que Moctezuma tenía muchos enemigos y que ellos serían muy útiles para sus planes. Pronto, el gordo y los otros caciques totonacas se aliaron con Cortés y prometieron combatir a Moctezuma.

Allá en Veracruz nació la loca idea de atacar el reino de Moctezuma. Cortés tenía ahora unos aliados, tenía 600 soldados, lo cual era bien poco si se piensa en los miles y miles de guerreros que tenía el señor de estas tierras. Y de los soldados, un buen número prefería regresar a la Fernandina. Observaron con espanto cómo Cortés ordenó destruir todos los barcos para que nadie pensara ya en el regreso. Los barcos se hundieron, menos el mejor de ellos, en el que envió a España a Portocarrero y a Montejo para que explicaran al Rey el comportamiento del capitán.

¿Qué sería ahora de mí? Lo supe esa misma noche, cuando Cortés me llamó, cuando me preguntó cosas que ya le había contestado, cuando me puso un maravilloso collar de oro, un regalo de Moctezuma, cuando en voz baja me dijo palabras que no entendí, cuando empezó a acariciar mi pelo negro, cuando...

Preguntas sobre el texto

1. ¿Qué cambios importantes se producen en la vida de Malinche en San Juan de Ulúa?
2. ¿Cuál parece ser la actitud de Moctezuma frente a la presencia de los españoles en su territorio?
3. ¿Cuáles son las verdaderas intenciones de Cortés? ¿Cómo se comporta frente a la delegación mexica?
4. ¿Qué intención persigue con el espectáculo de los caballos y de los cañones?
5. ¿Qué conflicto se produce en el campamento español?
6. ¿Qué importancia tiene el contacto con los totonacas?
7. ¿Qué interés tiene Cortés en la persona de Malinche?

¿Verdadero o falso?

	V	F
Malinche se llama en realidad Maribel. Es azteca (mexica).		X
Bernal Díaz es un soldado raso.	X	
San Juan de Ulúa es un sitio muy agradable.		
Aquel domingo de Pascua de 1519 es un día muy importante para Malinche.	X	
Moctezuma se alegra con la visita de los españoles.		X
Tendile trae una invitación de Moctezuma para Cortés.		X
Cortés dice a la delegación mexica cuáles son sus verdaderos motivos para estar en México.		X
Tzitzimil es una chica que nunca tiene miedo.		X
Cortés obedece estrictamente las órdenes de Velásquez.		

Una carta al emperador Carlos I

Poco antes de partir hacia Tenochtitlán, y todavía en Veracruz, Hernán Cortés escribe un informe para el rey Carlos I. Explique los siguientes puntos:

fundación de Veracruz · el señor de estas tierras · organización de su reino · su religión · política practicada frente a los pueblos indígenas · primeros contactos con él · primeras alianzas · planes para el futuro inmediato

Los aztecas llegaron en su marcha desde el norte de México, donde habían vivido antes, hasta una isla en el lago de Texcoco. Empezaron a cultivar la poca tierra que allí existía. Para producir más, construyeron cestas que llenaron de tierra y que flotaban en las aguas de la laguna. Allí plantaron maíz, y con el tiempo estas "chinampas", que vemos en el dibujo, se transformaron en tierra firme. La isla creció, y con ella el poder de los aztecas.

5 Avanzando por ríos de sangre

La salida de Cempoala

Una suave brisa recorría Cempoala, y el sol comenzaba a salir ese día de agosto cuando partimos de allí. Aparte de los 350 soldados españoles había centenares de tamanes y unos 400 guerreros totonacas. En Veracruz quedó Juan de Escalante con más de 100 hombres.

Los tlaxcaltecas, enemigos de Moctezuma no quieren alianza con los españoles

El recorrido hacia el país mexica fue cruel: primero el calor infernal de la selva, luego el frío de las montañas y las ráfagas de viento. Por fin llegamos a Tlaxcala cuyos habitantes eran enemigos de Moctezuma. El capitán general había mandado una delegación de nobles de Cempoala para hablar con Xinotega. Cuando regresó, tuve que traducir malas noticias. Tlaxcala no quería ninguna alianza con Cortés para combatir a Moctezuma. Tampoco querían que los españoles entraran a la ciudad. Entonces tuvimos que prepararnos para el combate contra los tlaxcaltecas.

Una batalla

La trompeta de la vanguardia nos anunció la presencia de guerreros enemigos. Los cañones y la caballería dispersaron a los tlaxcaltecas, pero al día siguiente eran mucho más numerosos. Bernal me dijo más tarde que había calculado algo así como 40.000 enemigos. Aquel día miles y miles de flechas y lanzas oscurecieron el cielo y terminaron con no pocas vidas de españoles y totonacas. Yo me escondí en un viejo árbol que encontré, y Tzitzimil temblaba a mi lado. La táctica de atacar a los jefes indios dio resultado y el des-

Uno de los sacerdotes bautiza a los nobles de Tlaxcala en presencia de Cortés y de Malinche.

orden de los guerreros tlaxcaltecas ante la muerte de sus capitanes los hizo retirar. La paz vino en seguida.

La entrada en Tlaxcala y el bautizo de nobles.

En Tlaxcala fuimos bien recibidos. En las calles, lanzaban flores a los nuevos aliados en la lucha contra los mexicas. Las jarras con pulque pasaban de mano en mano, y en la noche vi muchos tlaxcaltecas y totonacas en fraternal abrazo. Los caciques sellaron el pacto con los blancos entregándoles a sus hijas. El padre Juan Díaz bautizó primero a los caciques y luego a todos sus familiares. La hija de Xinotega, que ahora se llamaba Luisa, fue entregada a Alvarado.

Moctezuma envía dos mensajes contradictorios

Las dos embajadas de Moctezuma que nos visitaron en Tlaxcala iban llenas de regalos y de contradicciones. En la primera decía que se sometía al rey de España y a pagos regulares de tributos con la condición de que no visitáramos Tenochtitlán. Muy amablemente Cortés contestó que no regresaría sin conocer a tan importante señor. La segunda embajada nos invitaba a visitar la capital mexica. Dos semanas después continuamos la marcha.

Ruta de la expedición

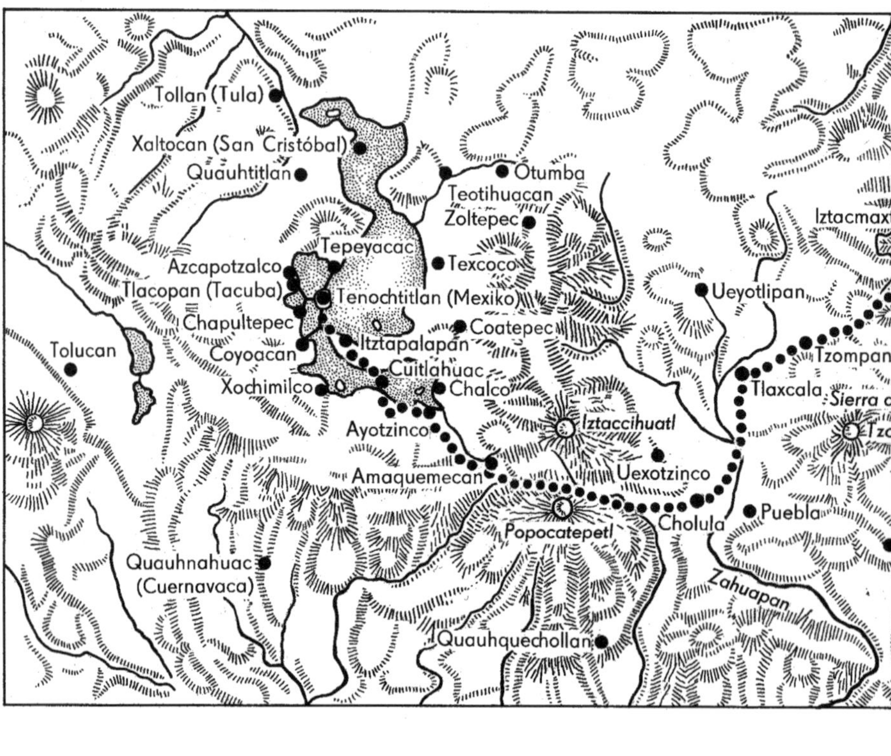

La marcha hacia Cholula

Era impresionante la enorme caravana que avanzaba hacia Cholula, la ciudad sagrada de los mexicas: nosotros delante, luego miles de tlaxcaltecas con sus caciques, los tamanes y los totonacas en la retaguardia. Pero a Cholula sólo pudimos entrar los españoles y la mayor parte de los totonacas. Los de Tlaxcala, por ser viejos enemigos, tuvieron que acampar fuera de la ciudad.

La entrada en Cholula y la duda de una trampa

Toda la población salió a recibirnos con flores. Fuimos alojados en unas habitaciones construidas alrededor de un patio que hacían parte de uno de los muchos templos de la ciudad. Primero, las atenciones y las comidas que nos daban eran excelentes, pero pronto todo cambió. La comida empezó a escasear. Una mañana, unos guerreros de Cempoala dijeron que en algunas calles había grandes huecos cubiertos con hierbas y tierra para que los caballos, al pasar, cayeran sobre unas estacas de bambú puestas en el fondo. Otros habían visto pilas de piedras en las terrazas de las casas. Las mujeres y niños habían sido evacuados. Los hombres, en cambio, parecían más numerosos, y algunos sospecharon que se trataba de guerreros mexicas infiltrados en la ciudad.

Los cholultecos quieren averiguar si Cortés es realmente Quetzalcóatl

Estaba hablando con Aguilar sobre la situación cuando Bernal entró a la habitación: «Malinche, ven al patio, allí hay tres papas que quieren hablar con-

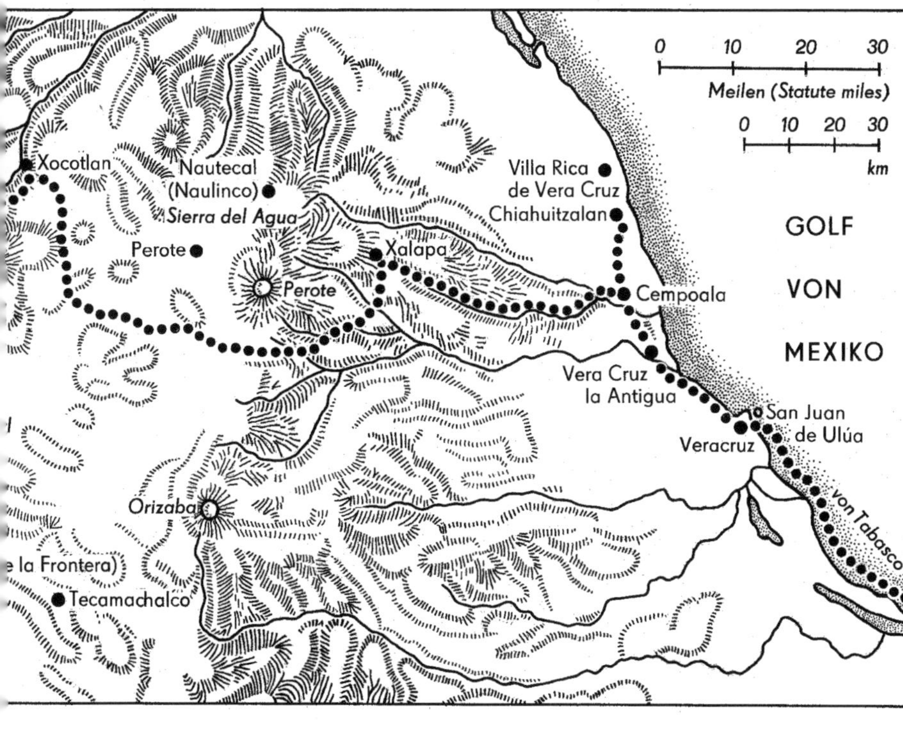

tigo.» Y Aguilar furioso: «Hombre, ¿cómo va a haber papas entre los infieles? ¡Si tenemos uno sólo, y está en Roma!» Vi a tres sacerdotes cholultecas que se acercaban. Sabía que ellos andaban muy preocupados por saber si los blancos eran dioses o no, así que aproveché sus dudas y les expliqué, como si fuera un secreto, que Cortés no era Quetzalcóatl, pero sí un enviado del dios que estaba preparando el regreso a su tierra para cumplir con la profecía. Sentí que tenían miedo. Entonces les pregunté si sabían algo de una conspiración contra los blancos. En este caso, añadí, la venganza del Dios sería terrible. Un largo silenció invadió la habitación, luego el más viejo habló. Sí, había una conspiración: más de veinte mil guerreros mexicas esperaban la orden de atacar a los blancos que pensaban matar en honor a Quetzalcóatl, pero que ahora…

Los dejé allí mismo y di la noticia a Cortés. Éste reunió a todos sus oficiales, y en el patio del templo donde estábamos alojados mandó colocar en los puntos estratégicos los cañones. Luego mandó reunir a los nobles de Cholula y a toda la población, que pronto llenó el patio. Hizo llamar aparte a los nobles y tuve que traducir aquellas palabras que nunca han salido de mi memoria: «¡Señores de Cholula! ¡Venimos como amigos y vosotros preparáis armas para nuestra perdición! Nuestras leyes ordenan que tal traición sea castigada. Vuestro castigo será la muerte.»

Me tomó del brazo y me empujó hacia la habitación donde estaban las mujeres. Se oyó una explosión y todo se llenó de humo. El olor a sangre y a pólvora invadió el aire. Todos trataban de escapar y no podían, pues eran esperados a las salidas del patio por los soldados que los remataron. Yo, rígida de espanto, contemplaba la muerte de aquella gente que a pocos metros de nosotros caía sin que se oyera un grito de dolor, sólo el ruido de las armas, las órdenes de los capitanes y los gritos de los soldados: «¡Santiago! ¡Santiago!» La matanza fue bárbara y sin misericordia. Los caballos pasaban por encima de los caídos y con sus patas se encargaban de hacer el resto.

Fuera del templo la matanza continuaba. Ya habían llegado los tlaxcaltecas. Para ellos era la hora de la venganza. Dando alaridos no paraban de matar, saquear y quemar toda la ciudad. Sólo la intervención de Cortés ante sus caciques hizo posible que esa carnicería terminara. Al anochecer, sus ropas estaban impregnadas de sangre cholulteca.

En medio de aquella orgía de sangre, la principal preocupación de Cortés parecía ser la inmediata destrucción de los ídolos en los templos de la ciudad. Vi como él y otros hombres subieron las gradas de una pirámide para tumbar las estatuas de los dioses. A nuestro lado, un edificio estaba en llamas. De pronto oí gritos de auxilio en el interior. Se lo dije a Bernal. Aunque el techo ya estaba a punto de caer, él y unos tlaxcaltecas llegaron hasta una celda donde se hallaba prisionero un joven tlaxcalteca que esperaba su muerte en la piedra de los sacrificios. Luego de ser liberado, se arrodilló ante mí, besó mis pies y me dio las gracias por haberle salvado la vida. Yo hablaba con él cuando a mis espaldas escuché un grito: «¡Tepi, hijo mío!» Yo miré atrás y vi los ojos llenos de alegría de un guerrero tlaxcalteca que abrazó a su hijo. Hacía poco tiempo que Tepi había sido capturado en una de las llamadas "guerras floridas" que duraban exactamente tres días y que fueron impuestas a sus enemigos por los mexicas. En estos combates se trataba de capturar vivos el mayor número de hombres para luego sacrificarlos, y bueno, al mismo tiempo era una maravillosa oportunidad para entrenar a los jóvenes guerreros.

El paje de Malinche

Esa misma noche, Cortés, al enterarse de lo sucedido, decidió que Tepi nos acompañaría y que sería mi paje. Dos semanas después partimos hacia Tenochtitlán, y atrás quedó Cholula envuelto en su silencio de muerte.

Preguntas sobre el texto

1. ¿Por qué fue tan difícil la marcha desde la costa hasta Tlaxcala?
2. ¿Cómo fueron recibidos en Cholula?
3. Pronto Malinche sintió que estaba en peligro. ¿Por qué?
4. ¿Cómo logró ella descubrir la conspiración contra los españoles?
5. ¿Por qué actuó Cortés con tanta crueldad?
6. ¿Quién era Tepi?

Complete las lagunas con los verbos de la lista. Utilice la forma adecuada del pasado.

anunciar	aprovechar	combatir	considerar	contar
esperar		lograr		
ordenar	pedir		ponerse	salvar

1. A pesar de las dificultades del terreno, los españoles ______ llevarse todas las piezas de artillería porque ahora ______ con la ayuda de centenares de tamanes.
2. Los de Tlaxcala ______ a los españoles porque los ______ sus enemigos.
3. Cuando Bernal ______ la visita de tres "papas", Aguilar, que era un hombre religioso, ______ muy furioso.
4. Malinche ______ el miedo de los sacerdotes para sacarles las informaciones necesarias.
5. Cortés no ______ el ataque de los cholultecas y mexicas, sino que ______ matar a miles de indígenas.
6. Se puede decir que Malinche le ______ la vida a Tepi porque escuchó sus gritos y ______ ayuda a unos hombres que estaban cerca.

6 El encuentro

Todos estaban sorprendidos de la habilidad que yo tenía para aprender el idioma de los blancos. Bernal me ayudó mucho y cada día me enseñaba nuevas palabras. A veces entendía trozos de conversación entre los soldados. Me enteré de que Cortés tenía una esposa, Catalina, y que ella vivía en la Isla Fernandina. En otra ocasión escuché como Olmedo y Díaz criticaban la rapidez con la que se bautizaba a los indios sin que éstos comprendieran de qué se trataba. Otros parecían dominados por la codicia del oro, y hacían planes sobre lo que harían con las riquezas que esperaban encontrar en Tenochtitlán.

Pasamos cerca del volcán Popocatépetl, y llegó el momento cuando vimos maravillados el valle de Anáhuac. El inmenso lago que cubría gran parte del valle estaba rodeado de ciudades, y en su centro se distinguía la capital con sus templos y pirámides. Se hizo un gran silencio. La gran altura en la cual estábamos hacía más vivos los colores, el azul del lago, el blanco de los tem-

La expedición en las montañas de México Central. El volcán a la derecha es el Popocatépetl.

plos y palacios y las manchas verdes de los jardines. «Es el aire más transparente del mundo», exclamó Bernal, y el padre Díaz dijo una oración después de la cual continuamos avanzando. En algún pueblo por el que pasamos, un cacique nos dijo los nombres de aquellas ciudades que parecían flotar en el lago: Chalco, Coyoacán, Iztapalapan, Tlacopán, Azcapotzalco, Tepeyacac, y, como centro del universo, Tenochtitlán con Tlatelolco al lado. Esa noche descansamos en Iztapalapan.

Al día siguiente, una neblina flotaba sobre el lago dejando ver tan sólo la parte alta del gran teocalli donde ardían los fuegos permanentes en honor a los dioses Tláloc y Huitzilopochtli. Avanzamos lentamente por un dique que atravesaba el lago. Cortés y yo íbamos a la cabeza, seguidos por los caballos, la infantería y los 7.000 tlaxcaltecas. Cuando el sol fue disolviendo la neblina, el lago se pobló de numerosas canoas que llevaban mercancías a la capital. Llegamos al fuerte de Xólotl ubicado en la mitad del dique. Allí fuimos recibidos por mil nobles que nos saludaron colocando la mano en la tierra y luego llevándola a los labios. Sólo después de una hora pudimos continuar. Al llegar a un puente levadizo que interrumpía el dique, algunos capitanes comentaron que si lo cruzáramos estaríamos en una trampa de la que no saldríamos vivos. Entendí que Olid dijo: «En caso de un ataque ni siquiera podremos huir de aquí.» Y Cortés: «Amigo Cristóbal, si no se trata de huir, sino de conquistar. Por Cristo, adelante.»

En ese momento apareció el tlatoani Moctezuma. Era llevado en andas, y cuatro principales sostenían un palio que lo protegía contra el sol. Descendió de la silla y pisó el suelo que estaba cubierto de mantas para que sus sandalias de oro no se mancharan. El pueblo se tiró al suelo y los nobles bajaron los ojos. Era alto, delgado y de unos cuarenta años. Sus parientes Cacama y Cuitláhuac permanecieron a su lado junto con los señores de Tlacopán y de Coyoacán. Cortés bajó de su caballo, entregó las riendas a Tepi y se acercó para abrazar a Moctezuma, pero fue impedido por Cacama y Cuitláhuac. Tuve que traducir lo que Cacama dijo: «Nadie puede tocar al tlatoani.» En este momento yo me atreví a mirar al más poderoso de los mexicas. Sorprendida constaté que su mirada parecía llena de tristeza. Era ya un hombre derrotado.

Cuando llegamos a la ciudad fuimos conducidos al inmenso palacio de Axayácatl, padre de Moctezuma, que después de la muerte de aquél no se había utilizado más. Desde las terrazas del palacio se veía el Templo Mayor al lado occidental. El palacio estaba rodeado por una muralla con atalayas, donde en seguida se colocaron algunos soldados armados por si se presentaba un ataque de sorpresa. Era tan grande nuestra residencia que cómodamente cabían españoles y tlaxcaltecas. Cortés nos prohibió salir del edificio sin su permiso.

Cortés recibe regalos de una delegación azteca. A su lado, Malinche está traduciendo.

Horas después, ese mismo 8 de noviembre, Moctezuma hizo su primera visita al capitán general para preguntarle si tenía todo lo que necesitaba. El encuentro fue muy breve.

Al día siguiente fuimos al palacio de Moctezuma. Era tan grande que parecía un barrio dentro de la ciudad. Había una infinidad de habitaciones y jardines. Había baños, depósitos y oficinas de administración de tributos. Cientos de nobles iban y venían. Algunos estaban allí como rehenes, pues eran los hijos de los señores de otras ciudades, y esto garantizaba la alianza de las comunidades mexicas y la lealtad de los pueblos sometidos.

Todo allí era impresionante. Cuando pasamos por el comedor estaban recogiendo los platos de la comida. Me dijeron que el tlatoani por lo general comía solo, pero que cada vez se hacían cien platos diferentes para que pudiera escoger los que más le gustaran. Y llegamos al gran salón donde nos esperaba el señor de los mexicas. Estaba sentado en su trono en el fondo de la sala, rodeado por unos pocos nobles. Me produjo lástima, sentí que era el hombre más solitario de la tierra.

Cortés, como estaba acostumbrado a hacerlo, empezó a hablar de la religión cristiana y dijo que pronto vendrían unos hombres que vivirían entre los mexicas y que mejor que él podrían explicarles las cosas de la religión. Aquí Moctezuma tomó la palabra y dijo: «Señor Malinche, ya sé lo que en otros pueblos has dicho sobre la cruz y los tres dioses que tenéis. Creo que son buenos para vosotros. Pero nosotros también tenemos nuestros dioses que nos han guiado hasta este lugar, y a ellos debemos nuestra grandeza. De manera que no me hables más de tus dioses.» (Como todo lo hablado pasaba por mi boca, el Tlatoani pensaba que Cortés se llamaba también Malinche.)

Cortés vio que no valía la pena insistir. Se hizo una larga pausa, luego dijo: «Señor, quisiéramos conocer la ciudad.»

Y así fue. Al día siguiente vimos la ciudad más blanca y limpia que yo haya conocido. Las casas eran bajas, pero sólidas. Sus patios tenían jardines hermosísimos. Tenochtitlán estaba unida a tierra firme por tres diques o calza-

 En el mercado de Tlatelolco

das muy amplias donde cabían hasta dos carretas grandes. Uno de estos diques comunicaba con Chapúltepec, de donde venía el agua a la ciudad.

El principal barrio era Tlatelolco, en cuyo mercado se reunían hasta 30.000 personas. Era una plaza enorme donde había de todo. Indios de diferentes regiones vendían pieles de animales, productos del mar, alfarería, pedrería, alimentos, mantas, armas y... esclavos. A los españoles les impresionó el orden y el silencio que allí reinaba, ya que nadie pregonaba en voz alta sus productos, como me dijo Bernal que se hacía en su patria. Caminábamos mirando todo cuando un olor inmundo nos llegó. Le pregunté a un mexica que pasaba por ahí y él, señalándonos varias canoas con una masa parduzca, dijo: «Son excrementos humanos». Aguilar, al oír la explicación, exclamó: «No me digas. ¡Es mierda! ¿Y para qué la tienen allí?» Me dijeron que la vendían para curtir el cuero.

Luego visitamos el teocalli. Moctezuma nos guió, y mientras desde lo alto de la pirámide contemplábamos la inmensidad de Tenochtitlán, él nos explicaba la historia de su pueblo. De pronto, en un ángulo de las escalinatas, Cortés vio, debajo de nosotros, una piedra labrada con una figura monstruosa. Sólo se podía ver desde aquel punto. Moctezuma explicó que era la diosa Coyolxauhqui, la hermana de Huitzilopochtli, asesinada cruelmente

Huitzilopochtli, el dios de la guerra

por este dios en defensa de su madre. Y de veras, se veía descuartizada y chorreando sangre. Alrededor de sus brazos y piernas había serpientes. Los cuerpos de los sacrificados rodaban por las escalinatas hasta llegar a la diosa que parecía ejecutar grotescamente la danza de la muerte.

Cortés maldijo esta figura del demonio y pidió de nuevo evitar los sacrificios humanos y también un espacio para construir su iglesia en una de las pirámides. Pero Moctezuma se negó asustado. Como Cortés insistio, se encontró, por fin, un sitio en el palacio de Axayácatl, y durante los trabajos alguien descubrió una puerta secreta al golpear la pared con un martillo. Se abrió un hueco, y vimos el más fabuloso tesoro en oro, plata y piedras preciosas que pudiéramos imaginarnos. Un delirio invadió a aquellos hombres que habían venido de tan lejos para vivir este momento. Y Cortés accedió a la repartición del tesoro. Se destinó un quinto para el Rey, un quinto para Cortés, dos quintas partes para los capitanes y un quinto para los soldados. Pero como antes el capitán general ya había descontado algo para cubrir los gastos de la

Moctezuma, prisionero de los españoles

expedición, quedó tan poco para los soldados rasos que hubo protestas que Cortés calmó dando algunas piezas de oro a los que más habían gritado.

Mientras se hacía la repartición llegaron noticias de Veracruz. Un grupo de españoles fue atacado en una emboscada, y seis de ellos y muchos totonacas murieron. La cabeza de uno de los blancos fue traída a Tenochtitlán. Hubo una reunión, y escuché una conversación donde los oficiales y Cortés pensaban que Moctezuma había dirigido el plan de la emboscada.

De nuevo acompañé a Cortés y a sus capitanes al palacio del tlatoani. Sin muchos miramientos se invitó a Moctezuma a compartir los aposentos de los españoles. Se opuso de mil maneras. Ofreció a su hijo y a sus dos hijas como rehenes. Lo vi llorar y oí sus lamentaciones sobre qué diría su pueblo cuando lo viera sometido a la voluntad de los blancos. Pero Velásquez de León sacó su espada y lo amenazó diciéndole que si no se iba con nosotros lo mataba en el acto. Y aceptó. Yo asistí a la caída de la dinastía de los señores de México. Aunque siguió siendo el tlatoani, era un prisionero y ya nunca más saldría del palacio que había sido de su padre. Luego vino la ceremonia más cruel para el más humillado de los hombres: el sometimiento al rey Carlos que hizo con lágrimas de dolor.

Cuauhpopoca, quien había comandado la emboscada de Veracruz, fue hecho prisionero y quemado en una hoguera. Las calles empezaron a quedarse solas y se hablaba de conspiraciones. Los blancos ya casi no salían del cuartel. Sólo en grupos grandes.

Un día, Moctezuma nos mostró unos dibujos traídos de la costa donde aparecían 18 barcos, muchos caballos y una cara conocida para Cortés: Pánfilo de Narváez. El gobernador Velásquez lo había mandado con un gran ejército para castigar la rebeldía de Cortés y llevarlo prisionero. Nunca había visto tan preocupado al capitán general, pero tardó poco en tomar una decisión: él con 100 soldados y 1.000 tlaxcaltecas marcharía al encuentro de Narváez. Los otros, entre ellos yo, nos quedaríamos en Tenochtitlán bajo el mando de Alvarado. Como yo no tenía una buena opinión de aquel capitán cruel e impetuoso, me invadieron presentimientos de que algo malo iba a suceder.

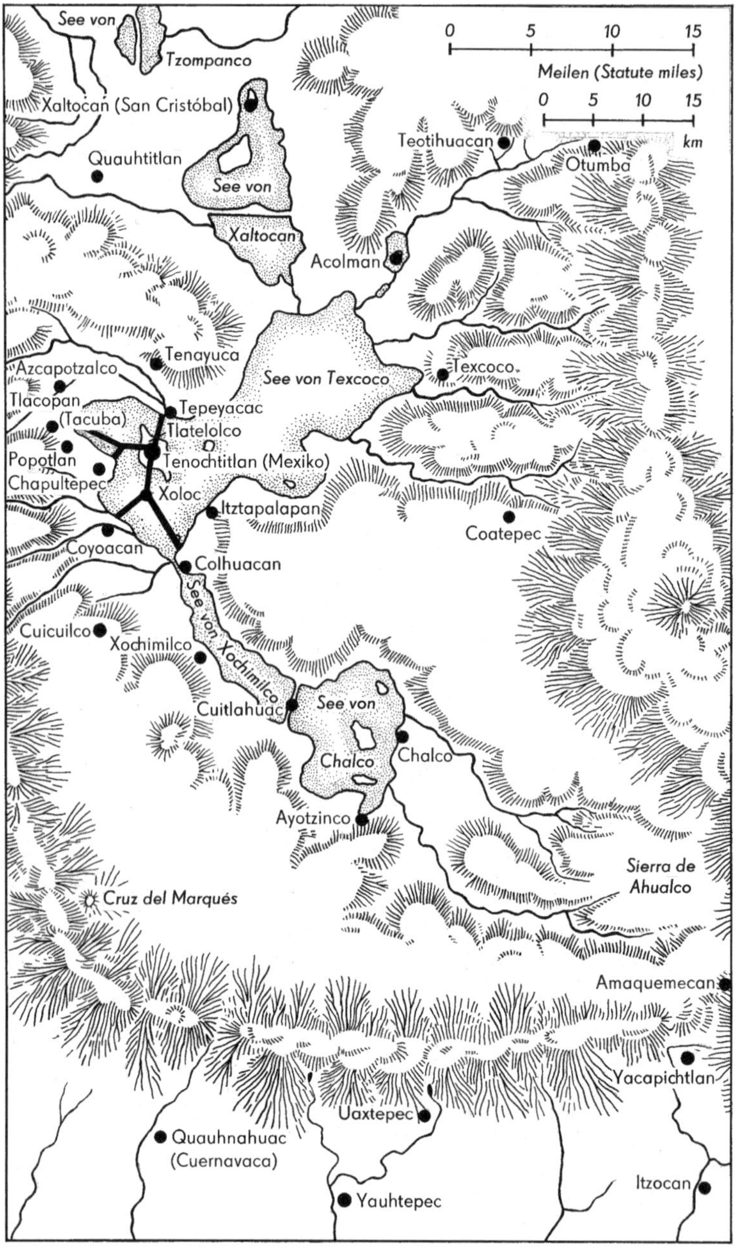

La región de los lagos con Tenochtitlán y los diques

Preguntas sobre el texto

1. ¿Por qué fue tan impresionante el primer encuentro con Moctezuma?
2. ¿Por qué pensaron algunos españoles que, una vez entrados en Tenochtitlán, estarían en una trampa?
3. ¿Dónde fueron alojados los españoles y los tlaxcaltecas?
4. ¿Qué cosas impresionantes vieron en la capital mexica?
5. ¿Cómo cambió la relación entre Moctezuma y sus huéspedes?
6. ¿Qué noticias desagradables recibió Cortés un día? ¿Qué decisión tomó frente a esta situación?

Complete con las preposiciones adecuadas.

1. La marcha _________ Tenochtitlán fue muy dura _________ las dificultades del terreno.
2. Muchos españoles soñaban _________ inmensas riquezas.
3. La ciudad de Tenochtitlán estaba situada _________ medio _________ un gran lago, y estaba rodeada _________ otras ciudades.
4. Hicimos nuestra entrada _________ Tenochtitlán _________ el dique de Iztapalapan.
5. _________ lado de Moctezuma estaban Cuitláhuac y Cacama.
6. Cortés se preocupó _________ la seguridad de sus hombres; por eso les prohibió salir _________ su permiso.
7. Cuando nuestra situación se hizo peligrosa, los capitanes decidieron hacer prisionero _________ Moctezuma, lo tomaron _________ rehén para que sus vasallos no se dirigieran _________ nosotros.
8. _________ la noche _________ la mañana, el poderoso tlatoani se había convertido _________ un instrumento de los españoles.

7 La Noche Triste

La tragedia vino pronto. Ya no se miraba con buenos ojos a los españoles ni a Moctezuma. Ya corría el rumor de que iban a sustituir a Moctezuma por otro de su familia. En esta situación tensa se iba a celebrar la fiesta Tóxcatl, una de las fiestas mayores en el calendario azteca. Un joven sería enviado como mensajero a Tezcatlipoca recibiendo la llamada "muerte florida". Alvarado, muy intranquilo, observaba todo desde una de las terrazas, temiendo que se preparara un ataque a nuestra residencia. Yo me había retirado a mi cuarto cuando de pronto Tzitzimil entró gritando: «Malintzin, afuera se están matando, ¿qué será de nosotras?» Subí, y desde la terraza vi el más horroroso espectáculo: iluminados por la luz de unas antorchas, los blancos, a caballo y en sus armaduras de metal, irrumpieron en la fiesta como un vendaval sembrando la muerte entre los guerreros desarmados.

Sobresaltada sentí una mano en mis hombros. Era Aguilar quien me dijo: «Nosotros, que bajo el signo de la cruz queremos construir el reino de Dios, tenemos que ceder ante las fuerzas del mal.» Y yo, tan impresionada como él: «¿Y cuántos más tendrán que morir para que llegue este reino?» Ahora la plaza estaba llena de cadáveres y de moribundos. Ante el furor de los mexicas que irrumpieron en el patio dispuestos a vengar a sus hermanos, los hombres de Alvarado tuvieron que replegarse. Se cerró la puerta tras ellos y empezó una lluvia de piedras y flechas contra nuestro domicilio.

A partir de entonces, los ataques fueron constantes y el intentar salir costó la vida de siete españoles y de varios tlaxcaltecas. Una tarde, en que Alvarado había perdido toda esperanza, regresó Cortés con 1.300 soldados, 100 jinetes, 80 ballesteros, 80 arcabuceros y 2.000 tlaxcaltecas. Había derrotado al ejército de Narváez, pero al llegar, en vez de una entrada triunfal, encontró una ciudad desierta. Estaba furioso y convencido de que Moctezuma hacía doble juego. Una vez incluso lo calificó de "perro". Los nobles aztecas que todavía rodeaban a su señor, cuando salieron para organizar la alimentación de nuestra tropa, contaron por toda la ciudad que el tlatoani ya no merecía el menor respeto. No regresaron más.

Cortés organizó una salida, y más de 40 soldados encontraron la muerte en el combate. Otros fueron capturados y sacrificados en el templo de Huitzilopochtli, y allí, en la piedra de los sacrificios, muy lejos de su tierra natal y aún más lejos de la gloria soñada, terminaron su vida.

Todos esperaban que Cortés hiciera un milagro. Pero nada pasó. Yo también estaba dispuesta a morir en cualquier momento. Una tarde fui a la sala donde estaban los capitanes con Moctezuma. Cortés me dijo: «Ahora vamos a subir todos a la terraza, y éste – señalando a Moctezuma – va a hablar a su pueblo. A ver si logra calmarlo.» Y Moctezuma: «Señor Malinche, ¿qué quieres ya de mí? Soy el más débil de los hombres. Me han abandonado los míos, me han abandonado los dioses. Lo único que deseo es morir.»

Lo llevaron a la terraza. Apenas empezó a hablar, se oyeron gritos: «Ya no eres nadie. Ahora nuestro tlatoani es Cuitláhuac. Él acabará con los blancos.»

De pronto, desde abajo, nos enviaron flechas. Al tlatoani lo trataron de cubrir, pero ya era tarde. Una flecha lo había alcanzado en el pecho, y una piedra en la cabeza. Lo llevaron a su aposento. Duró dos días agonizando. Yo estaba en la sala cuando Sandoval dijo a un soldado: «Vete y dile al capitán general que Moctezuma ha muerto.» Yo, que tenía suficientes motivos para odiarlo, rompí a llorar. Sentí que la tragedia de este hombre era la tragedia de mis hermanos de sangre. Muerto el tlatoani Moctezuma Xocoyotzin, murió un mundo, y en los mundos a venir nosotros ya no contaríamos.

La batalla de la Noche Triste

La ciudad parecía muerta. Se preparó la huida para la noche. Bajo las órdenes de Martín López, el carpintero, se construyó una especie de puente portátil para colocarlo en las cortaduras de la calzada, pues los mexicas habían quitado algunos puentes. 400 indígenas estaban dispuestos para llevarlo y 150 hombres armados para protegerlo. En siete caballos iba la parte del tesoro que correspondía al rey Carlos. Cuando comprendió que no era posible llevarse todo el tesoro, Cortés dio a sus hombres el permiso de llevarse lo que cada uno pudiera.

Pasada la medianoche salimos; éramos más de 7.000 personas. Cruzamos la gran plaza delante del teocalli. En lo alto, delante del templo de los dioses, un fuego iluminaba la escena. No había nadie en las calles. Avanzamos en tres grupos, en la vanguardia Sandoval, otros capitanes y los tlaxcaltecas con el puente, en el centro Cortés, las mujeres, y algunos parientes de Moctezuma, en la retaguardia Alvarado, Velásquez de León y muchos de la tropa de Pánfilo de Narváez. Caía una lluvia fina. Cruzamos las primeras cuatro cortaduras, llegamos a la quinta, se puso el puente, pasó la vanguardia, e íbamos a pasar nosotros, cuando de pronto se oyó el gran tambor del teocalli, luego el sonido de unas ocarinas, y desde la laguna aparecieron numerosas canoas con guerreros. Una lluvia de flechas cayó sobre nosotros. Los primeros mexicas estaban ya en la calzada. Una canoa llegó con tanta velocidad que chocó contra el dique donde se estrelló. Empezó una lucha hombre a hombre. Bernal nos empujó hacia adelante, donde varios jinetes habían despejado el camino. Cortés había quedado atrás. Delante de mí, un caballo cayó con una herida mortal. Nosotros, Bernal, Tepi, cinco mujeres, entre ellas Tzitzimil e Isabel, la hija de Moctezuma, y un grupo de tlaxcaltecas, pasamos por encima del animal. Con horror vi como el jinete, que también parecía estar herido, fue capturado. Llegaron más y más canoas. El puente se había incrustado en el suelo y no se podía mover. Era imposible llegar a la otra orilla. Las dos horas que siguieron fueron las más largas de mi vida. Mojados hasta los huesos, temblando de frío, aguantamos entre los hombres que nos defendían contra los mexicas que atacaban con creciente furor.

Olid llegó diciendo que no había manera de mover el puente. Que corriéramos hasta la próxima cortadura y que la pasásemos como pudiésemos, a nado o como fuera. Y nos pusimos en marcha. Animada por un jinete, agarré las riendas de su caballo. De pronto el caballo tropezó, se cayó, yo me enredé en la rienda, y fui arrastrada por el cuerpo del animal hacia las aguas de la laguna. Con la cabeza di contra una piedra y perdí el conocimiento. Cuando lo recuperé, estaba inmóvil, atada, con medio cuerpo en el agua. Traté de liberarme, pero no pude. Encima de mí estaba la calzada, pero no había nadie. Quería llamar cuando vi pasar una canoa con guerreros mexicas. Uno de ellos gritó: «No se escaparán. Ahora los matamos a todos.» No se fijaron en mí. A lo mejor pensaban que estaba muerta. Luego oí voces, y distinguí la de Alvarado. Tenía la impresión de que se luchaba allí arriba. Yo me quedé callada, ¿porque no quería llamar la atención de los mexicas, o porque prefería morir? No lo sé. De pronto, una voz conocida me llamó. Era Tepi. Grité. Él me encontró, con un cuchillo cortó la rienda y me sacó del agua. Él y varios tlaxcaltecas me llevaron hasta la cortadura. Cuando estaba del otro lado y Tepi me entregó a Cortés, me di cuenta de que habíamos pasado por encima de muchos cadáveres, cadáveres de caballos, de indígenas, de españoles que se habían hundido por el peso de las armaduras o por el peso del oro que no querían dejar. De la retaguardia sólo estaban Alvarado y un grupo de tlaxcaltecas. Los otros, entre ellos Velásquez de León y muchos soldados de Narváez, habían encontrado la muerte en las aguas de la laguna.

Pasamos un día en Tlacopán, en un templo. Cortés contó lo que quedaba de la tropa. Habían muerto 800 españoles y 2.000 tlaxcaltecas. Se habían perdido casi todas las armas, incluidos los cañones. Hasta hoy, aquel desastre del 1 de julio de 1520 se conoce como la "Noche Triste". Nosotros los que la vivimos pensamos que en ese nombre no cabe el horror de aquellas horas.

Preguntas sobre el texto

1. ¿Cómo se explica la matanza del Templo Mayor?
2. ¿Cómo se resuelve el conflicto entre Narváez y Cortés?
3. ¿Cómo muere Moctezuma?
4. Comente los sentimientos de Malinche al enterarse ella de la muerte del Tlatoani.
5. ¿Cómo se prepara la huida?
6. ¿Por qué resulta ser una catástrofe para la expedición española?
7. ¿En qué inmenso peligro se encuentra Malinche?
8. ¿Cómo se explica que ella salga viva de aquel desastre?

¿Qué desean/dudan/temen las siguientes personas? Complete las frases utilizando las formas adecuadas del subjuntivo.

1. Alvarado: «¿Y esto es una fiesta religiosa?» Alvarado duda que esto...
2. Aguilar: «¿Por qué tiene que morir tanta gente?» A Aguilar le duele que...
3. Alvarado: «¿Bueno, corre sangre india, ¿y qué?» A Alvarado le importa bien poco que...
4. Cortés: «¿Por qué no sale a saludarme nadie?» Cortes se sorprende de que...
5. Cortés a Moctezuma: «Habla a tu pueblo.» Cortés ruega a Moctezuma que...
6. Moctezuma: «¿Por qué no me dejan morir?» Lo único que desea Moctezuma es que los forasteros...
7. Cortés: «Martín, haznos un puente portátil.» Cortés ordena que...
8. Malinche: «No saldremos vivos de aquí.» Malinche no cree que...
9. Tepi: «¿Y si Malinche ya está muerta?» Tepi teme que...

Redacción

En la noche que sigue a la retirada catastrófica de los españoles, Tzitzimil cuenta a Malinche lo que le ocurrió a ella en aquellas horas terribles.

Epílogo

Amanece y he pasado otra noche en blanco, acompañada tan sólo de mis recuerdos. En una hora vendrá Paulina con la primera taza de chocolate. Después se escucharán los ruidos de siempre: los gritos de los vendedores de frutas, las oraciones de la gente que lleva a algún muerto a la catedral, los cascos de los caballos sobre el pavimento. Ya no salgo a pasear por esta ciudad que cada día recuerda menos a la vieja Tenochtitlán. Ésa la destruyeron los españoles y sus aliados en un furor de venganza nunca antes visto.

Luego de la desastrosa "Noche Triste" muchos dudamos que algún día volveríamos a pisar estas calles. En Tlaxcala se necesitaron meses para curar las heridas, fabricar nuevas armas y sobre todo construir aquellos bergantines que permitirían atacar la ciudad desde el lago. La resistencia que entonces nos opusieron los mexicas merece la admiración de todas las generaciones venideras. Murieron para no ser humillados por aquellos hombres que ya nadie consideraba como dioses. Tenochtitlán se transformaba lentamente en un gigantesco montón de ruinas. Ya antes de los combates definitivos, una epidemia que llaman "la viruela" se cobró miles de vidas, entre ellas la de Cuitláhuac, y en su lugar el joven Cuauhtémoc fue elegido tlatoani. Sufrieron lo indecible, muchos murieron de hambre y de sed (se había cortado el acueducto de Chapúltepec) hasta que aquel día de agosto de 1521 Cuauhtémoc fue capturado y llevado ante Hernán Cortés. Otra vez estuve presente y traduje lo que el joven tlatoani pidió con voz suave y tranquila: «He cumplido con mi deber de defender mi ciudad y a sus habitantes. Ahora soy tu prisionero. Saca tu espada y mátame.» Y Cortés: «No temas nada. Los españoles sabemos respetar a un enemigo valiente.»

Cuauhtémoc y el señor de Tlacopán fueron salvajemente torturados. Les quemaron los pies para que confesaran dónde escondían el fabuloso tesoro mexica. No dijeron nada. Más tarde, los llevaron como rehenes cuando Cortés viajó al sur, a Honduras para castigar la rebelión de Olid, quien quería independizarse de Cortés. Fue un viaje desastroso por marismas y selvas impenetrables, hasta que llegó aquella horrible tarde cuando vi a Cuauhtémoc colgado de un árbol, junto con otros compañeros. Cortés, llevado por rumores de rebeldía, por las fatigas del viaje y los delirios de la fiebre, había decidido la muerte del último de los tlatoanis. Me tocó traducirle la sentencia de muerte.

Pronto hubo otras "lenguas", incluso entre los españoles, y mi presencia junto a Cortés ya no fue tan importante. Al hijo que tuvimos, Martín, le dio todos los cuidados de un hombre rico, y a mí me escondió cuando llegó su esposa Catalina, desde la Isla Fernandina, quien murió a los pocos meses. ¿Qué podía darle yo a él, que buscaba otras glorias? Me casó con el capitán Jaramillo, antes del viaje a Honduras, para tratar de acallar las malas lenguas. De ese matrimonio nos nació nuestra hija María. Vivo a solas en esta casa con mis recuerdos, a solas porque mi marido anda muchas veces fuera, visitando, como dicen por ahí, la casa de aquella Beatriz de Andrade, a la que parece estimar más que a mí, india noble, pero india, en fin.

Hubiera podido ser cacica de mi Painala. En nuestro viaje al sur pasamos por allí. Vi a mi madre y a su hijo, los dos arrodillados ante mis pies esperando una muerte segura. ¿Pero de qué me servía una venganza tardía, si ya nada me unía con aquella gente? Los bautizamos a ambos; ahora ella se llama Marta y él Lázaro. Y me instalé en México siguiendo las noticias sobre la vida de un Cortés cada vez más lejano. Cuando me llegó la noticia de su muerte, lloré, y muchos lloraron conmigo. Él no fue el peor, era un hombre ambicioso, pero también justo, y profundamente religioso.

Ya oigo los pasos de Paulina en el sótano. ¿Cúantas mañanas más me serán dadas a vivir? Ya sólo me queda esperar la muerte. Entonces tengan piedad con una mujer humillada por muchos, quien, tratando de conducir el barco de su vida por el tempestuoso mar de la Historia, no pudo saber hacia qué costas se dirigía.

¿Quién es quién? Resuma en pocas frases las informaciones que tiene sobre los siguientes personajes:

A. Qualitzin
B. Beu
C. Bernal Díaz del Castillo
D. Jerónimo de Aguilar
E. Alvarado
F. Tepi
G. Pánfilo de Narváez
H. Cuauhtémoc

Redacción

Después de haber leído este relato, ¿cuál es su opinión sobre Malinche? ¿Fue una traidora a su pueblo? ¿Fue utilizada como un instrumento por Cortés, o qué piensa de ella?

Los dioses

En su mítica marcha hacia Tenochtitlán, los aztecas son guiados por su dios Huitzilopochtli, pero asimilan también dioses y mitos de otras culturas. Muchos dioses simbolizan valores contrarios (día-noche / norte-sur / cielo-tierra).

Huitzilopochtli es el sol y, al mismo tiempo, el dios de la guerra. Ese sol que cada día nace de Coatlicue, diosa de la tierra, tiene que vencer a sus hermanos, las estrellas y la luna, para empezar su viaje por el cielo y, al final de un día, perder sus fuerzas y morir. Tezcatlipoca, en cambio, representa lo oscuro, la noche. Él es enemigo de Quetzalcóatl, el dios creador que viene de la civilización tolteca. Cuatro mundos ya han terminado, cuando Quetzalcóatl crea el quinto sol, o sea, el mundo actual. Pero este dios, que en algunas leyendas tiene la piel blanca, es vencido por su rival y desaparece por el mar del este no sin antes anunciar su regreso.

Para los aztecas, los dioses no son ni buenos ni malos, sencillamente representan fuerzas cósmicas. Hay que hacerles sacrificios para que el sol no deje de salir, para que llueva, para que crezcan las plantas – y para que no se acabe el quinto sol. Y como los dioses han creado el mundo con su propia sangre, hay que devolverles cada día este líquido precioso. Para los sacrificados es un honor ser enviados como mensajeros a los dioses. Tranquilos (bajo el efecto de drogas, como afirman algunos) suben al teocalli hacia la piedra de los sacrificios que tanto horror inspirará a los españoles.

México antes de la Conquista. Un mural del pintor Diego Rivera en el Palacio Nacional (Ciudad de México)

Vocabulario

Prólogo

quemar	verbrennen
sufrir	leiden
borrar	auslöschen, auswischen
estar rodeado de/por	umgeben sein von
el sacerdote	der Priester
el hereje	der Ketzer
atar	festbinden, fesseln
el tronco	der (Baum-)Stamm
la madera	das Holz
la oración	das Gebet
el verdugo	der Henker
prender	anmachen, anzünden
la hoguera	der Scheiterhaufen
recorrer	durchlaufen, durchfahren
chamuscar	versengen
la locura	der Wahnsinn
rebelarse	sich erheben, rebellieren
poderoso	mächtig
el emperador	der Kaiser
el guerrero	der Krieger
la crueldad	die Grausamkeit
acusar de	einer Sache bezichtigen, anklagen
el traidor, la traidora	der Verräter, die Verräterin
la chingada	*(mex.)* die Hure
colaborar	zusammenarbeiten
liberarse	sich befreien
la dominación	die Herrschaft
el capitán	der Hauptmann
estar desagradecido	undankbar sein
extraño	seltsam
el cacique	der Stammeshäuptling

1 Las verdes colinas de mi Painala

la niñez	die Kindheit
la colina	der Hügel
cristalino	glasklar
la red	das Netz
el algodón	die Baumwolle
la trampa	die Falle
cazar	jagen
uno que otro	der, das eine oder andere
el conejo	das Kaninchen
la nube	die Wolke
el iguana	der Leguan
los mexicas	*Bezeichnung, die die Azteken sich selbst gaben*
invadir	einfallen, eine Invasion machen
el recaudador de tributos	der Tributeintreiber
la piedra preciosa	der Edelstein
la postura	die Haltung, Gebärde
el tamán	*(náhuatl)* der Träger
lejano	fern gelegen
la yerba	das Kraut
el estómago	der Magen
la inflamación	die Entzündung
la picadura	der Stich

la serpiente	die Schlange
enroscar	umschlingen
estrangular	erwürgen
hincar	hineinhauen, -stoßen
el diente	der Zahn
el cuello	der Hals
la espina dorsal	die Wirbelsäule
dislocar	ausrenken, *hier:* durchtrennen
herir (ie)	verletzen
el combate	der Kampf
la flecha	der Pfeil
estar destinado a	bestimmt sein zu
el funeral	die Beerdigung
el pariente	der Verwandte
mimar	hätscheln, verwöhnen
la caricia	die Liebkosung
rechazar	ablehnen, zurückweisen
delirar	Fieberfantasien haben
apretar	pressen
amarrar	festbinden, fesseln
la soga	der Strick
la manta	die Decke
oler (ue)	riechen
el líquido	die Flüssigkeit
oscuro	dunkel
lamentarse	sich beklagen
asistir a	beiwohnen, zugegen sein
la rabia	die Wut
tremendo	riesig
mentiroso	lügnerisch, Lügner
acercarse	sich nähern
iluminar	beleuchten, erhellen
la antorcha	die Fackel
el pochteca	*(náhuatl)* der Kaufmann
la calabaza	das Kürbisgefäß
morder (ue)	beißen
estar horrorizado	entsetzt sein
el pecho	die Brust
retorcerse (ue)	sich winden
la humillación	die Erniedrigung
desnudo	nackt
el amo	der Herr, Gebieter
vengar	rächen

2 Casas flotantes y caras de ceniza

flotante	schwimmend
la ceniza	die Asche
la ribera	das Ufer
el vasallo	der Untertan
reunirse	sich versammeln
el asunto	die Angelegenheit
sembrar (ie) el pánico	Panik verbreiten
el forastero	der Fremde
la lancha	das Boot
el espía	der Spion
el invasor	der Eindringling
sangrar	bluten
la herida	die Verwundung
el jinete	der Reiter
hacer las paces	Frieden schließen
encabezar	anführen
el campamento	das Lager
la fila	die Reihe
la tienda	*hier:* das Zelt
de mediana estatura	mittelgroß
barbudo	bärtig
suceder	geschehen
la cesta	der Korb
la joya	das Juwel
el murmullo	das Gemurmel
colgar (ue)	(auf-)hängen
arrodillarse	niederknien
la virgen	die Jungfrau

adorar	anbeten
abandonar	aufgeben, zurücklassen
el destino	das Schicksal

3 Rumbo al norte

el rumbo	der Kurs, die Richtung
el ramo de palmera	der Palmzweig
el Domingo de Ramos	der Palmsonntag
el chasquido	das Knallen, Knattern
la vela	das Segel
la angustia	die Angst
la tempestad	der Sturm
el prisionero	der Gefangene
lograr	gelingen
escapar	entfliehen, entweichen
la canoa	das Kanu
la tierra firme	das Festland
rescatar	retten, zurückholen
la tribu	der (Volks-)Stamm
tatuar	tätowieren
en vano	vergebens
la fe católica	der katholische Glaube
acariciar	streicheln, liebkosen
instruir	unterweisen
el cañón	die Kanone
el arcabuz	die Hakenbüchse
la ballesta	die Armbrust
los anteojos	die Brille
residir	residieren, wohnen
Isla Fernandina	*damalige Bezeichnung für Kuba, das auf Befehl Fernando el Católicos kolonisiert wurde*
pelear	kämpfen, streiten
el artillero	der Kanonier
el barbero	der Barbier
el piloto	der Kapitän
el almirante	der Admiral
navegar	segeln
sacrificar	opfern
el sacrificio (humano)	das (Menschen-)Opfer
desembarcar	an Land gehen
arrancar	herausreißen
el collar	die Halskette
el vidrio	das Glas
el flechazo (de: flecha)	der Pfeilschuss
el hachazo (de: hacha)	der Axthieb
la actitud	die Haltung
el milagro	das Wunder
la cicatriz	die Narbe
insistir en	bestehen auf
explorar	erforschen
débil	schwach
temer	befürchten
alimentar	ernähren
pensativo	nachdenklich
la reflexión	die Überlegung

4 Los mensajes del tlatoani

el mensaje	die Botschaft
estar indignado	entrüstet sein
despedirse	sich verabschieden
apreciar	schätzen
leal	treu, loyal
estar enamorado de	verliebt sein in

el soldado raso	der einfache Soldat
anclar	ankern
la piragua	die Piroge, der Einbaum
el asombro	das Staunen
en abundancia	reichlich, im Überfluss
(el) Viernes Santo	der Karfreitag
levantar	*hier*: abbrechen
el domingo de Pascua	Ostersonntag
bautizar	taufen
la confianza	das Vertrauen
respetuoso	respektvoll
el consejero	der Ratgeber, Berater
acerca de	über
el emperador	der Herrscher, Kaiser
el esplendor	der Glanz
la orilla	das Ufer
cometer faltas	Fehler begehen
el bautizo	die Taufe
el coro	der Chor
comerciar	Handel treiben
moderar	mäßigen
de veras	tatsächlich
relinchar	wiehern
la pata trasera	das Hinterbein
espantarse	erschrecken
esconderse	sich verstecken
el estrépito	das Getöse, der Donner
el humo	der Rauch
desmayarse	ohnmächtig werden
el dibujante	der Zeichner
reponerse del susto	sich von dem Schreck erholen
el casco	der Helm
desterrar (ie)	verbannen
venerable	verehrungswürdig
el salvaje	der Wilde
la bota	der Stiefel
añadir	hinzufügen
el círculo	die Scheibe
la pepa de oro	das Goldkorn
detener su marcha	stehen bleiben
cobrar(se)	*hier*: fordern, dahinraffen
nombrar	ernennen
el alcalde	der Bürgermeister
tomar preso	gefangen nehmen
ahorcar	hängen
los totonacas	*mittelamer. indianischer Volksstamm*
el esfuerzo	die Anstrengung
la grasa	das Fett
aliarse	sich verbünden
atacar	angreifen
el aliado	der Verbündete
ordenar	anordnen
hundirse	(ver-)sinken
el comportamiento	das Verhalten

5 Avanzando por ríos de sangre

el centenar	das Hundert
cruel	grausam
la ráfaga	der Windstoß
combatir	bekämpfen
los tlaxcaltecas	*mittelamer. indianischer Volksstamm*
la vanguardia	die Vorhut
dispersar	zerstreuen
oscurecer	verdunkeln
dar resultado	Erfolg haben
el (des-)orden	die (Un-)Ordnung
hacer retirar	zum Rückzug veranlassen

la jarra	der Krug
el pulque	Agavenschnaps
fraternal	brüderlich
sellar un pacto	einen Pakt besiegeln
la embajada	die Botschaft, Delegation
la contradicción	der Widerspruch
someter(se)	(sich) unterwerfen
sagrado	heilig, geheiligt
la retaguardia	die Nachhut
acampar	lagern
alojar	unterbringen
escasear	knapp sein, werden
el hueco	das Loch
la estaca	der Pflock
la pila	der Stoß, Stapel
sospechar	Verdacht schöpfen, vermuten
infiltrarse	*hier*: heimlich eindringen, sich einschleichen
el papa	der Papst
el infiel	der Ungläubige
los cholultecas	*mittelamer. indianischer Volksstamm*
estar preocupado	besorgt sein
aprovechar	(aus-)nutzen
cumplir	*hier*: erfüllen
la profecía	die Prophezeiung
la conspiración	die Verschwörung
la venganza	die Rache
llamar aparte	auf die Seite rufen
la perdición	der Untergang
la ley	das Gesetz
la traición	der Verrat
castigar	bestrafen
el castigo	die Strafe
empujar	stoßen, schieben
la pólvora	das Schießpulver
rematar	umbringen
rígido	starr
¡Santiago!	*Schlachtruf der Spanier (nach ihrem Schutzpatron Santiago)*
la misericordia	die Barmherzigkeit
encargarse de	etwas übernehmen
el alarido	der gellende Schrei
saquear	plündern
la carnicería	das Gemetzel
el anochecer	die Abenddämmerung
impregnado	durchtränkt
las gradas	die Stufen
tumbar	umstürzen
estar en llamas	in Flammen stehen
el auxilio	die Hilfe
la celda	die Zelle
hallarse	sich befinden
a mis espaldas	hinter meinem Rücken
capturar	fangen
imponer	aufzwingen
enterarse de algo	etwas erfahren
el paje	der Knappe
envolver (ue)	einhüllen

6 El encuentro

la habilidad	die Fähigkeit, Geschicklichkeit
la codicia	die Gier
maravillar	in Bewunderung versetzen
la mancha	der Flecken
la oración	das Gebet
la neblina	der Nebel
el teocalli	die Tempelpyramide
el dique	der Deich, Damm

disolver (ue)	auflösen
la mercancía	die Ware
el fuerte	die Festung
ubicarse	sich befinden
el puente levadizo	die Zugbrücke
huir	flüchten, fliehen
las andas	die Sänfte
el palio	der Baldachin
la manta	die Decke
manchar	beflecken
permanecer	bleiben
las riendas	die Zügel
derrotar	besiegen
la muralla	die (Stadt-)Mauer
la atalaya	der Wacht-, Aussichtsturm
caber	hineinpassen
el depósito	der Lagerraum
el rehén	die Geisel
la lealtad	die Treue, Loyalität
producir lástima	leidtun, Mitleid erregen
guiar	führen
la calzada	*hier:* die Dammstraße
la piel	die Haut, das Fell
la alfarería	die Töpferware
la pedrería	die Edelsteine
pregonar	ausrufen, laut ankündigen
inmundo	übel, vor Dreck starrend
parduzco	bräunlich
la mierda	die Scheiße
curtir el cuero	Leder gerben
el ángulo	der Winkel
la escalinata	die Freitreppe
labrar	gestalten, behauen
descuartizar	zerstückeln
chorrear	verströmen
rodar (ue)	(hinab-)rollen
ejecutar una danza	einen Tanz aufführen
maldecir	(ver-)fluchen
el martillo	der Hammer
acceder a algo	mit etwas einverstanden sein
la repartición	die Verteilung
descontar (ue)	abziehen
los gastos	die Unkosten, Ausgaben
calmar	beruhigen
la emboscada	der Hinterhalt
sin miramientos	ohne Umschweife
compartir	teilen
el aposento	das Gemach
oponerse	sich weigern
la espada	das Schwert
amenazar	bedrohen
en el acto	auf der Stelle
humillar	erniedrigen
el sometimiento	die Unterwerfung
el cuartel	die Kaserne
la rebeldía	die Meuterei
impetuoso	ungestüm

7 La Noche Triste

corre el rumor	es geht das Gerücht
sustituir	ersetzen
tenso	gespannt
la muerte florida	Blumentod *(rituelle Opferung)*
horroroso	entsetzlich, grauenhaft
la armadura	die Rüstung
irrumpir	eindringen, einbrechen
el vendaval	der Sturmwind
sobresaltarse	zusammenzucken, erschrecken
ceder	(zurück-)weichen

el moribundo	der Sterbende
el furor	die Wut, das Wüten, *auch*: die Furore
replegarse (ie)	sich zurückziehen
el ballestero	der Armbrustschütze
el arcabucero	der Hakenbüchsenschütze
desierto	verwüstet, unbewohnt
calificar de	bezeichnen als
merecer	*(moral.)* verdienen
agonizar	im Sterben liegen
romper a llorar	in Tränen ausbrechen
la huida	die Flucht
el carpintero	der Zimmermann
portátil	tragbar
la cortadura	der Einschnitt
el indígena	der Eingeborene, der Einheimische
el tambor	die Trommel
la ocarina	das Muschelhorn
estrellarse	zersplittern
despejar	freimachen
incrustarse	*hier:* sich festbohren
aguantar	ausharren
a nado	schwimmend
como fuera	*hier:* oder wie auch immer
animar	ermuntern
agarrar	packen, umklammern
tropezar (ie)	stolpern
enredarse	sich verwickeln
arrastrar	schleppen, schleifen
dar contra	gegen ... stoßen
perder (ie) el conocimiento	das Bewusstsein verlieren
recuperar	wiedererlangen

Epílogo

amanecer	Morgen werden
una noche en blanco	eine schlaflose Nacht
el casco	*hier:* der Huf
el pavimento	das Pflaster
pisar	betreten
el bergantín	die Brigg *(Segelschiff)*
venidero	kommend, zukünftig
la viruela	die Pocken
indecible	unsagbar
la marisma	der Sumpf
impenetrable	undurchdringlich
la sentencia de muerte	das Todesurteil
acallar	zum Schweigen bringen
estimar	(wert-)schätzen
tardío	spät
ambicioso	ehrgeizig
el sótano	das Untergeschoss
tener piedad con	Mitleid haben mit
tempestuoso	stürmisch

Quellenverzeichnis

Abbildungen:

S. 10, 30 u. 40:	Victor W. von Hagen, Die Welt der Azteken, © Paul Zsolnay Verlag, Wien 1959 und 1987
S. 15:	Irwin R. Blacker, Hcrnando Cortez, Die Eroberung Mexikos, © Ensslin & Laiblin Verlag, Reutlingen 1966
S. 17:	akg-images
S. 24, 37, 41 u. 42:	Fray Bernardino de Sahagún y los informantes aztecas, Hablan los aztecas II, Historia General de las Cosas de Nueva España, © Tusquets Editores S.A. y Círculo de Lectores, S.A., Barcelona 1985
S. 31, 39 u. 47:	William Prescott, Die Eroberung Mexikos, Carl Schünemann Verlag Bremen, © Sammlung Dieterich Verlagsgesellschaft mbH, Leipzig 1982 und 1992

Fotos:	F. Gerbert
Karten:	William Prescott, Die Eroberung Mexikos, Carl Schünemann Verlag Bremen, © Sammlung Dieterich Verlagsgesellschaft mbH, Leipzig 1982 und 1992

Langenscheidt
...weil Sprachen verbinden
Leichtigkeit
beginnt mit
Alles rund ums Sprachenlernen auf
www.langenscheidt.de